USAGES RURAUX

DU

CANTON DE BRULON

CONSTATÉS EN 1875

Par les Membres du Comice agricole du Canton

SOUS LA PRÉSIDENCE DE

M. LE COMTE D'ANDIGNÉ DE RESTEAU

Conseiller général de la Sarthe.

APPROUVÉ PAR

M. LE PRÉSIDENT DU TRIBUNAL CIVIL DE LA FLÈCHE

LE MANS

IMPRIMERIE-LIBRAIRIE A. LEGUICHEUX-GALLIENNE

15, rue Marchande, et rue Bourgeoise, 16

1876

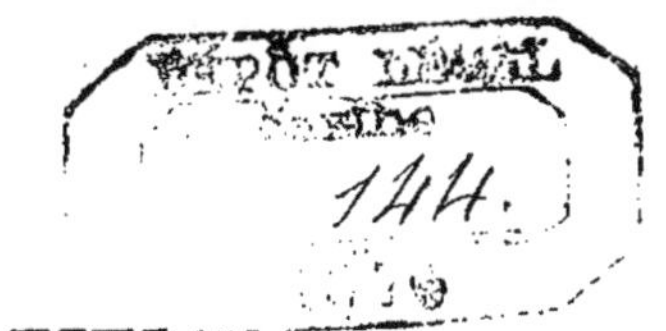

USAGES RURAUX

DU

CANTON DE BRULON

CONSTATÉS EN 1875

Par les Membres du Comice agricole du Canton

SOUS LA PRÉSIDENCE DE

M. LE COMTE D'ANDIGNÉ DE RESTEAU

Conseiller général de la Sarthe.

APPROUVÉ PAR

M. LE PRÉSIDENT DU TRIBUNAL CIVIL DE LA FLÈCHE

LE MANS
IMPRIMERIE-LIBRAIRIE A. LEGUICHEUX-GALLIENNE
15, rue Marchande, et rue Bourgeoise, 16

1876

USAGES RURAUX
DU
CANTON DE BRULON

CHAPITRE Ier.

USAGES GÉNÉRAUX APPLICABLES AUX DEUX MODES D'AFFERMAGE

SECTION Ire.

Assolement ou Cotaisons

ART. Ier.

Les lieux composés sont seuls assujettis à l'assolement. On appelle lieu composé ou corps de ferme la propriété qui joint à une habitation rurale l'exploitation *d'un hectare soixante-seize ares* (1 hectare 76 ares) au moins de terres labourables ou quatre journaux, le journal formant quarante-quatre ares.

ART. 2.

Les closeaux sont spécialement destinés à recevoir des coupages; ils doivent être juxtaposés à l'habitation et ne pas dépasser une superficie de 44 ares chacun et d'un hectare trente-deux ares dans leur ensemble ; ils doivent à la sortie être laissés libres de tous ensemencés en grains.

Art. 3.

Les jardins ne sont pas regardés comme terres labourables, ils sont consacrés principalement aux légumes.

Le locataire sortant au premier mai, doit souffrir que son successeur vienne, avant son entrée, faire ses légumes dans les parties disponibles du jardin.

Lorsque le jardin est loué à un jardinier, ce dernier peut enlever ses plantes à sa sortie.

Art. 4.

La mesure des champs comprend même les haies et fossés qui en dépendent.

Art. 5.

Deux assolements existent dans le canton de Brulon, l'assolement *Triennal* et l'assolement *Quadriennal.*

1°. — *En ce qui concerne l'assolement triennal* — un tiers des terres labourables doit être semé chaque année en froment, seigle ou méteil. Un sixième des mêmes terres doit être semé en orge ou avoine de printemps. Cet ensemencé est pris parmi les terres qui auront porté des céréales d'automne l'année précédente. Un tiers des guérets destinés au gros blé peut être consacré aux plantes sarclées et aux chanvres et lins avec fumure, sans être tenu de refumer pour le blé. Le troisième tiers doit rester en herbe.

2°. — *En ce qui concerne l'assolement quadriennal* — un quart des terres doit être semé chaque année en froment, seigle ou méteil ; un quart des mêmes terres doit être semé en orge ou avoine de printemps, dans les terres qui auront porté des céréales d'automne l'année précédente ; un quart en jeunes herbes et un quart en friche ou plantes sarclées, potagères ou textiles. Toutefois la moitié de ce dernier quart pourra être employé à la culture de ces dernières plantes sarclées, potagères ou textiles, avec fumure, sans être tenu de refumer pour le blé.

ART. 6.

Il y a tolérance d'un vingtième sur les ensemencés d'automne en plus ou en moins, en raison de la contenance des pièces.

Il est formellement interdit de semer en retour les grains d'automne, blé, seigle ou méteil.

ART. 7.

Le fermier ne peut être contraint à suivre un autre assolement que l'un des deux sus-désignés et tel qu'il existera antérieurement sur la ferme ; mais il lui est permis d'adopter la culture alterne, sans que le propriétaire puisse s'y opposer.

L'assolement alterne consiste à ne jamais faire succéder deux plantes de la même famille sur le même terrain.

ART. 8.

Le sortant doit prendre les terres d'après la rotation suivie les années précédentes, sans pouvoir les choisir exclusivement parmi les plus productives ou les plus anciennes en pâture.

ART. 9.

S'il a dépassé son assolement, toute la récolte se partage néanmoins suivant l'usage, mais il y a lieu à indemnité de la part du fermier sortant en faveur du fermier entrant.

SECTION 2e.

Baux.

Art. 10.

Les baux sont à prix d'argent ou à colonie partiaire : leur durée ordinaire est de 8 ou 9 années, suivant que l'assolement est *quadriennal* ou *triennal ;* ou de 4, 8 ou 12 pour l'assolement par quart. A défaut de convention ou lorsqu'il y a tacite réconduction, le bail est censé fait pour 3 ans, lorsque l'assolement est par tiers et pour quatre ans lorsque l'assolement est par quart.

Art. 11.

Le bail commence et finit le plus souvent au 1er novembre, quelquefois au 1er mai : dans les deux cas la remise des clefs peut n'avoir lieu que le lendemain à midi.

Art. 12.

Le bail ne comprend ni le droit de chasse, ni le droit de pêche, à moins de convention expresse, et le propriétaire en jouit et peut en disposer à l'exclusion du fermier ou colon.

Art. 13.

Le fermier ou colon ne peut cultiver des terres étrangères, même les siennes, *concurremment avec celles du propriétaire.*

ART. 14.

Si le fermier ou colon dépend d'un fermier général ou supérieur, celui-ci est substitué à tous les droits du propriétaire.

ART. 15.

Pour faire cesser l'effet du bail non écrit, il est nécessaire de donner congé une année franche à l'avance et de manière que le bail finisse à la même époque où il a commencé.

ART. 16.

Le congé d'une maison qui ne dépend pas d'un lieu composé est donné :

Trois mois à l'avance pour un loyer de 50 fr. et au dessous.

Six mois à l'avance pour un loyer de 50 à 100 fr.

Un an pour un loyer au dessus de 100 fr.

Le même délai d'une année est observé pour une auberge et une maison ayant boutique sur la rue, quel que soit le prix du loyer.

Le délai est de quinze jours pour les chambres et maisons louées au mois.

SECTION 3e.

Engrais et Amendements.

ART. 17.

Le fermier ou colon doit employer à l'amélioration du lieu les foins, pailles, chaumes, fourrages de toutes espèces, genets, ajoncs, litières et engrais quelconques qui s'y trouvent produits, mais les cendres et charrées appartiennent au sortant.

ART. 18.

Les fumiers à leur sortie de l'étable sont immédiatement mis en forme et dressés avec soin. On peut aussi les transporter de suite dans les champs où ils sont enterrés ou entassés.

ART. 19.

Toutes les racines autres que les pommes de terre sont considérées comme fourrages et ne peuvent être vendues et enlevées sauf les exceptions portées aux articles 40, 43 et 129.

ART. 20.

Le fermier ou colon ne peut enlever la terre des jardins et l'employer comme engrais, sans le consentement du propriétaire.

ART. 21.

Tous les fumiers d'étables servent à fumer les gros grains et même les prés si le fermier le juge convenable.

Les plantes sarclées semées dans les guérets peuvent toutefois être fumées avec la portion d'engrais que ces guérets devraient recevoir à l'automne.

ART. 22.

Dans le cas de culture alterne, on peut consacrer tous les fumiers aux plantes sarclées.

ART. 23.

Sont exclusivement destinés à fumer et améliorer les

prés la terre tirée des rigoles et fossés de ces prés et les déchets de la paille appelés balles, chasses ou poux, après les avoir fait servir de litière.

ART. 24.

La chaux mêlée par couches aux terres ou terreaux doit être battue deux fois, dont la première quinze jours au plus tard après ce mélange, avec cette condition que s'il est ajouté du fumier, le mélange ne doit avoir lieu qu'après que la chaux est complétement éteinte.

ART. 25.

Le fermier sortant ne peut prendre de terres ou gazons pour éteindre sa chaux que dans les terres destinées à son dernier ensemencé.

ART. 26.

Le fermier obligé par son bail à mettre chaque année certaine quantité de chaux ou autres engrais, doit cette quantité, même la dernière année, mais alors l'entrant lui rembourse les deux tiers du prix après justification.

SECTION 4e.

Entretien et Réparations.

ART. 27.

Le fermier ou colon doit entretenir le lieu en bon état des réparations locatives indiquées par l'articles 1754 du code civil.

ART. 28.

Les haies, fossés et rigoles doivent toujours être tenus

dans un état tel que les pièces de terre soient défensables et que les eaux aient un libre écoulement.

ART. 29.

La fourniture et l'entretien de toutes les clôtures sont à la charge du fermier ou colon.

ART. 30.

Le biennage et le curage des ruisseaux sont à la charge du fermier ou colon.

ART. 31.

Celui-ci doit l'entretien des nouvelles haies que le propriétaire peut faire faire à son gré, sans pouvoir empêcher la destruction des clôtures qu'il plaît au propriétaire de supprimer ou de modifier.

ART. 32.

Les loges quelle qu'en soit la forme appartiennent au propriétaire, sauf au fermier à prouver qu'elles lui appartiennent, et, dans ce cas, il sera indemnisé des matériaux qu'il aura fournis, si on veut les conserver.

ART. 33.

Le fermier ou colon est chargé de l'entretien et même de la réfection partielle ou entière des loges ou logereaux couverts en paille. Le propriétaire fournit les bois.

ART. 34.

Le fermier ou colon fait sans salaire, avec les harnais du lieu, l'approche à pied d'œuvre de tous les matériaux nécessaires aux réparations et réfections.

ART. 35.

Il ne doit pas le transport de ceux qui sont destinés aux constructions nouvelles.

SECTION 5e.

Fourrages et Racines.

ART. 36.

La paille récoltée la dernière année du bail appartiendra à l'entrant, y compris celle d'orge ou d'avoine et les déchets du battage. Toutefois le sortant aura droit au cinquième de la paille d'orge ou d'avoine.

ART. 37.

Le sortant coupe et peut employer en litière un sixième du chaume de cette même année, et y mettre ensuite ses bestiaux : le surplus appartiendra à l'entrant qui doit le couper et l'enlever avant l'angevine (8 sept.)

Le choix appartient au sortant qui doit toutefois, autant que possible, ne choisir que des pièces entières.

Après l'angevine (8 sept.) le sortant peut faire pacager ses bestiaux dans les chaumes de l'entrant, mais sans les couper.

S'il n'est pas fait de chaume, le sortant pourra prendre un dixième de la paille de blé au lieu du sixième de chaume auquel il avait droit.

ART. 38.

Sauf l'exception portée à l'article précédent, les bestiaux ne peuvent jamais être mis dans les champs avant l'enlèvement des chaumes.

ART. 39.

Le sortant doit planter dans le jardin et laisser pour son successeur 400 choux de poitou ou cavaliers par hectare semé en gros blé ; il est loisible à l'entrant de venir planter 100 poireaux par même nombre d'hectares.

ART. 40.

Le sortant partage par moitié avec l'entrant la récolte faite dans les guérets destinés aux céréales d'automne, à l'exception des pommes de terre et betteraves.

Quant à ces dernières plantes, l'entrant peut en semer dans un douzième de ces guérets et en fait la récolte à son profit. Le sortant peut en semer pareille étendue, dont la récolte lui appartient.

Les guérets auront du être faits en entier par le sortant à l'époque fixée par l'article 50 et chaque portion est fumée comme il est dit à l'article 21.

ART. 41.

A défaut de convention expresse ou de montrée, le sortant au 1er mai n'est tenu de laisser aucune paille à l'entrant, mais seulement un dixième de chaume de l'année précédente ou un dixième de la paille du blé, s'il n'a pas été fait de chaume.

Le partage s'en fait comme à la sortie du premier novembre.

ART. 42.

Le sortant du mois de mai laisse l'entrant venir planter deux cents choux de poitou ou cavaliers par hectare semé en gros blé à la Toussaint (1er nov.) qui précède l'entrée.

Ces choux sont fumés avec l'engrais du lieu. Alors le sortant peut consommer entièrement les anciens choux.

ART. 43.

Le sortant emporte les pommes de terre et racines fourragères qui lui appartiennent.

ART. 44.

Le fermier ou colon peut consommer l'année de sa sortie, toute l'herbe provenant du sarclage des blés.

SECTION 6ᵉ.

Impôts et Prestations.

ART. 45.

Le fermier ou colon doit, sans qu'il soit besoin de convention spéciale, la totalité des impôts de toutes espèces, y compris, bien entendu, les prestations en nature. Les prestations peuvent être faites avec les bestiaux du lieu.

ART. 46.

Le sortant au 1er novembre acquitte tous les impôts jusqu'au 1er janvier qui suit sa sortie. — Les prestations de l'année qui suit la sortie sont acquittées par l'entrant.

ART. 47.

Le sortant au 1er mai paye seulement un tiers de l'impôt l'année de sa sortie.

Il fait en totalité les prestations de cette même année.

SECTION 7e.

Labours.

ART. 48.

Les labours des céréales d'automne se font :

Avant le 30 avril pour les pâtures ou jachères de plus d'une année.

Avant le 1er juillet pour les trèfles de plus d'une année.

Avant le 15 juillet pour les chaumes de l'année précédente.

Avant le 1er août pour les trèfles de l'année.

ART. 49.

Les labours des grains de printemps et des plantes sarclées doivent être terminés avant le 1er janvier. — Les essefs ou rigoles d'assainissement sont faits immédiatement après les labours et soigneusement entretenus.

ART. 50.

Les labours en sillons se font à quatre raies, dont les deux dernières doivent avoir 12 centimètres de profondeur au moins.

Il est néanmoins loisible au fermier de cultiver en planches.

SECTION 8e.

Ensemencements et Récoltes.

ART. 51.

Le sortant au 1er novembre qui ne pourrait, à cause

du temps contraire, achever la sèmerie que plus tard, n'a aucun droit aux fumiers qui n'auraient pas été enlevés avant sa sortie.

Art. 52.

Le sortant au 1er mai doit laisser intacts tous les fumiers faits depuis les semailles d'automne.

L'entrant peut venir, pendant l'hiver qui précède, serrer les feuilles et bruyères qu'il met pourrir dans les étrages.

Art. 53.

Les semailles des céréales d'automne doivent être terminées avant le 20 novembre ; celles des grains de printemps avant le 15 mai.

Art. 54.

Le fermier sortant doit toutefois avoir semé les gros grains avant le 1er novembre, à moins de temps tout à fait contraire, sans pouvoir jamais dépasser le 15.

Art. 55.

La quantité de semences par hectare est de :

2 hectolitres pour le froment, le méteil, l'orge et l'avoine, 1 hectolitre 1|2 pour le seigle.

Art. 56.

Lorsque la récolte doit se partager, la semence est fournie par moitié entre l'entrant et le sortant.

Les semences des céréales sont amenées sur les lieux par l'entrant avant le 1er octobre.

ART. 57.

Toutes les récoltes sont sarclées convenablement par le fermier.

Le froment du 15 au 30 mai.

Le seigle du 1er avril au 15 mai.

Les orges et avoines avant le 30 juin.

Les patiences ou parelles, fougères, ivraies, les chardons et autres plantes à graines ailées, doivent être détruites ou coupées avant la floraison dans toute l'étendue du lieu.

ART. 58.

Cette obligation existe également pour le fermier, quant à la récolte qu'il doit partager.

ART. 59.

Le sortant au 1er novembre fait les ensemencés des menus et des gros grains l'année de sa sortie.

C'est l'entrant au 1er mai qui fait les grains de printemps, tels que plantes sarclées, chanvres et lins de printemps. — Il a le droit de venir faire les labours préparatoires à partir du 10 novembre.

ART. 60.

L'entrant au 1er novembre fauche et fane tout le foin de la récolte qui précède son entrée. Ce foin est transporté par le sortant, et en compensation les gerbes de la récolte qui suit sa sortie sont voiturées par son successeur.

ART. 61.

Le sortant peut consommer, pour faire les travaux de

son dernier ensemencé, 100 kilogrammes de foin par hectare semé en gros blé, il les prend dans une prairie de son choix sans pouvoir les choisir en plusieurs.

Il profite de tous les regains.

Chacun doit mettre en barge la portion de fourrage qui lui appartient.

Art. 62.

Le sortant au 1er mai n'est pas tenu de laisser de foin.

Art. 63.

Quant à ce qui concerne les moulins :

S'il s'y trouve des prés sans terres labourables le meunier entrant fauche et fane le foin qui lui appartient en totalité.

S'il s'y trouve à la fois des prés et des terres labourables, le sortant, quant à la quantité de foin qu'il peut consommer, est considéré comme un fermier ordinaire.

Art. 64.

Le fermier doit faire à ses frais toutes les récoltes y compris même celle qui suit sa sortie ; toutefois les gerbes de cette dernière récolte sont voiturées par les attelages de l'entrant.

Art. 65.

Les blés sont coupés à maturité, rentrés et battus avec soin le plus tôt possible. Le battage se fait avec tout bon moyen usité dans le canton.

Si l'entrant exige que le froment soit fauché, il payera au sortant une indemnité à dire d'expert pour le surplus du travail.

ART. 66.

Lors de la récolte qui précède la sortie, l'entrant fournit un homme pour aider au battage des grains.

Cet homme surveille la confection des barges et l'engrangement des pailles et épigots, lesquels sont faits par le sortant. Il est nourri par ce dernier.

ART. 67.

Les pailles et chaumes de la récolte qui suit la sortie sont engrangés ou mis en barge par l'entrant.

ART. 68.

Le produit de la dernière récolte avant la sortie appartient, savoir :

Les céréales d'automne et de printemps, en entier au fermier sortant.

Les plantes sarclées et les plantes textiles semées dans les guérets, par moitié au sortant et à l'entrant, sauf ce qui a été dit à l'article 40 des pommes de terre et betteraves.

ART. 69.

Le produit des céréales d'automne qui suit la sortie est seul partagé par moitié entre le sortant et l'entrant.

Tous les prélèvements se font sur le monceau commun.

ART. 70.

Le fermier sortant au 1er mai partage par moitié avec l'entrant la récolte des grains qui suit la sortie, tels que blé, méteil, seigle, orge et avoine. — Il n'a aucun droit aux autres.

ART. 71.

Le colon partiaire fait toutes les récoltes à ses frais. Il partage par moitié avec le propriétaire tous les fruits naturels ou industriels, sans autre exception que ceux qui doivent être consommés sur le lieu.

ART. 72.

Ce partage a lieu pour la récolte des gros grains qui suit la sortie.

Tous les prélèvements se font sur le monceau commun.

ART. 73.

Les grains et graines de toutes espèces sont convenablement nettoyés au tarare ; les lins et chanvres broyés et teillés, les fruits à couteau serrés à la main.

SECTION 9e.

§ 1er Prairies naturelles.

ART. 74.

Le fermier ou colon doit entretenir soigneusement les rigoles de desséchement et d'irrigation ; les taupes sont détruites le plus qu'il est possible ; la terre des taupinières et fourmilières est étendue deux fois par an et les prés entretenus dans un état d'aplanissement convenable.

La fiente des bestiaux doit être étendue avec soin.

ART. 75.

La clôture des prés se fait au 1er décembre, sauf les droits acquis à des tiers.

ART. 76.

La coupe des prairies naturelles devra être terminée au 15 juillet, elle se fait le plus ras possible sous peine de dommages-intérêts.

ART. 77.

Le fermier ou colon ne peut, sans le consentement du propriétaire, faire consommer sur place l'herbe d'un pré.

ART. 78.

Dans la dernière année de sa jouissance, le sortant est tenu aux mêmes obligations que les autres années, et l'entrant peut venir s'assurer qu'il les a remplies.

La clôture des prés est faite par l'entrant.

ART. 79.

Si des terres labourables sont converties en prairies ce qui ne peut se faire que du consentement du propriétaire, il ne doit plus être fait de distinction avec les prés anciens de la ferme.

§ 2e Prairies artificielles

ART. 80.

Le fermier doit mêler aux orges et avoines qu'il sème au printemps dans un sixième de terres labourables, s'il cultive par tiers ou dans un quart des mêmes terres s'il cultive par quart, 12 kilogrammes de bonne graine de trèfle violet par hectare, il peut y ajouter un kilogramme de graine de navet ou autres graines qui pourraient convenir à la terre, en quantité suffisante.

C'est l'entrant qui fournit et sème ces graines la dernière année, à cet effet, le sortant doit l'avertir de l'époque des semailles. Après l'enlèvement de la récolte, l'entrant peut semer sur ces trèfles du vesceron et du trèfle incarnat.

Art. 81.

L'entrant a droit de semer, du 15 février au 15 mars, de la graine de trèfle ou autres graines dans un tiers des champs semés en froment, qu'il choisit dans les ensemencés de la récolte qui se partage.

Art. 82.

Il a également ce droit dans les froments de l'année précédente, mais à la condition de n'en user qu'à partir du 1er mars.

Art. 83.

L'entrant peut semer, à partir du 15 septembre, des coupages sur un sixième de chaumes de froment de l'année de la sortie ; mais à la condition de choisir un champ dont la contenance approche le plus de cette quantité.

Le sortant ne peut mettre ses bestiaux dans ces coupages.

Art. 84.

La coupe des prairies artificielles se fait du 1er au 24 juin.

Art. 85.

Dans l'année qui précède sa sortie, le fermier ou colon peut consommer le produit de toutes les prairies artifielles.

Il ne peut toutefois introduire que les veaux ayant moins d'un an dans les trèfles de l'année mis dans les ensemencés de printemps et aucuns bestiaux dans les luzernes.

ART. 86.

Le sortant au 1er mai ne peut faire pacager que la moitié de toutes les prairies artificielles ou pâtures qui existent sur les lieux.

La division en deux parts est faite sur pied par l'entrant le 1er mars au plus tard, et le choix appartient au sortant, qui ne peut mettre ses bestiaux dans les prairies artificielles avant le partage.

SECTION 10e.

Plantations.

ART. 87.

Le fermier ou colon plante chaque année aux endroits indiqués par le propriétaire un sauvageon par trois hectares de terres labourables. Ces sujets sont mis dans des fossés de 1 mètre 50 centimètres de diamètre, 50 centimètres de profondeur.

A la sortie du fermier ou colon lesdits sauvageons devront être, jusqu'à concurrence des deux tiers, vifs, pris, et entés des espèces de fruits choisis par le propriétaire.

Ces plantes sont toujours convenablement garnies d'épines et tuteurs et tous les deux ans couverts de chaumes ou de feuilles et cobéchés à 60 centimètres du tronc, tant qu'ils n'ont pas atteint 50 centimètres de circonférence à 1 mètre 50 centimètres du sol.

ART. 88.

Tous ces sauvageons sont fournis par le propriétaire.

ART. 89.

Le propriétaire peut faire à ses frais telles autres plantations que bon lui semble, pourvu que ce soit sur les haies ou le long des rivières et ruisseaux, et lorsque les terres ne sont pas ensemencées.

ART. 90.

Chaque année avant le 1er mai, le gui et les autres plantes parasites doivent être enlevées de tous les arbres fruitiers.

SECTION 11e.

Communauté, Voisinage.

ART. 91.

Aucun des ayant droit dans une cour commune ne peut rien y laisser séjourner plus de 24 heures, à moins qu'il n'ait été fait à cet égard un règlement qu'il est toujours loisible à l'un des intéressés de provoquer.

ART. 92.

On peut y laisser les porcs pendant le temps employé à les panser ou à nettoyer leur toit, lorsque la porte de ce toit donne sur la cour.

ART. 93.

Chacun des ayant droit à une mare commune peut y abreuver ses bestiaux et y laver du linge, quand cela est possible; quant aux oies et canards, ces volatiles n'y auront droit que dans la proportion de la superficie arable exploitée par chacun.

La boue se partage entre les ayant droit.

Art. 94.

On ne peut faire usage d'un four placé dans la maison du voisin que depuis le lever jusqu'au coucher du soleil et après avertissement donné 24 heures à l'avance. Chacun emporte ses cendres.

A moins de clause expresse le droit au four n'emporte pas celui d'y mettre sécher son chanvre et son lin.

Art. 95.

Quant un puits est commun, la corde est entretenue par tous les ayant droit. L'eau ne peut être employée à l'arrosage que du consentement de tous.

Art. 96.

Dans les prés communs le passage doit être fauché à la Saint-Jean (24 juin) et le foin enlevé à la Madeleine (22 juillet). Les bestiaux entrent à l'angevine (8 septembre) et sortent au 1er décembre.

Art. 97.

Tout le fossé bordant un héritage, quelle que soit sa largeur, appartient à celui du côté duquel est la jetée ou talus. Ce propriétaire a, en outre, une bande de terre de 16 centimètres 1/2, nommée pas de bœuf, relis ou réparée, destinée à soutenir les terres de l'héritage voisin et à faciliter sa culture.

En cas de destruction de la clôture, ce relis retourne de

droit au propriétaire du fossé, mais tant qu'elle existe l'usage en permet le parcours et le pâturage au propriétaire limitrophe.

ART. 98.

L'existence d'un talus ou d'une haie ne suffit pas pour prouver la propriété exclusive d'un ruisseau coulant plus de six mois par an.

ART. 99.

Les fossés à établir seront faits par le propriétaire dans les dimensions qui leur conviendront avec obligation toutefois de donner aux parois une inclinaison de 50 degrés centigrades.

ART. 100.

La haie plate, quelle que soit son épaisseur réelle, est censée avoir deux mètres trente-trois centimètres de largeur.

Le partage de cette haie peut toujours être demandé par l'un des intéressés ; mais à la charge de la remplacer par une haie à talus ou par un mur.

La nouvelle clôture ne peut ensuite être supprimée que du consentement du voisin.

ART. 101.

Pour juger de la mitoyenneté d'un arbre complanté dans la haie plate, on prend la distance du centre de cet arbre au maître de haie qui se trouve vis-à-vis, et si cette distance est de 1 mètre 16 centimètres 1|2 (moitié de l'épaisseur de la haie) ou si elle est moindre, l'arbre est mitoyen.

ART. 102.

S'il n'existe pas de maître de haie vis-à-vis de l'arbre, on prend le maître le plus rapproché de chaque côté ; un jalon formant ligne droite avec ces deux maîtrse est placé vis-à-vis de l'arbre en litige et on mesure la distance comme dans l'article précédent.

ART. 103.

Dans les endroits ou la forme de la haie ne permet pas de procéder ainsi, la mitoyenneté se détermine d'après l'état apparent des lieux.

ART. 104.

Dans la haie à talus, tout arbre dont le centre se trouve sur le relis est mutuel ; tout autre arbre appartient à celui sur le terrain duquel se trouve ce centre.

ART. 105.

Pour déterminer le point ou finit le relis on prend la largeur moyenne du fossé sur les parties les mieux conservées et on y ajoute 16 centimètres 1|2 (largeur du relis). On plante un jalon à 4 mètres de chaque côté de l'arbre, au pied du talus ; un troisième jalon est planté dans la ligne formée par les deux premiers vis-à-vis de l'arbre et la largeur mentionnée ci-dessus prise de ce jalon, détermine la mitoyenneté ou la propriété exclusive de l'arbre.

ART. 106.

Pour la haie à talus comme pour la haie plate on se décide d'après l'état apparent des lieux, quand la forme de la haie ne permet pas de procéder comme il vient d'être dit.

ART. 107.

Celui qui fait ou répare un talus sans fossé doit laisser entre le pied de ce talus et l'héritage voisin, un intervalle de 25 centimètres pour la réparée.

ART. 108.

Lorsque les branches d'arbres fruitiers s'étendent sur la propriété du voisin, les fruits de ces branches sont partagés entre ce voisin et le propriétaire de l'arbre qui a droit de passage pour aller les cueillir ; toutefois, il est fait exception pour les jardins, parcs et enclos sur lesquels le propriétaire des arbres n'a aucun droit d'aller cueillir ces fruits qui appartiennent au voisin seul.

ART. 109.

Il est permis au voisin de clore l'extrémité du fossé qui ne lui appartient pas et qui facilite la communication de son terrain avec une autre propriété ou avec un chemin. Cette clôture toutefois ne doit être qu'en bois mort et ne doit pas nuire à l'écoulement des eaux.

ART. 110.

La largeur d'un passage pour voiture est de 3 mètres 33 centimètres.

Celle d'un passage pour bestiaux est de 2 mètres si le passage n'est pas clos, les bestiaux sont menés à la corde.

Le passage à pied a 1 mètre de largeur.

Il en est de même du tour d'échelle.

Le droit d'égout n'emporte qu'une largeur de 50 centimètres.

ART. 111.

Dans les vignes les rigoles creusées entre les planches servent de sentiers et le milieu de ces rigoles sert de limite entre les riverains.

ART. 112.

Pour bâtir auprès d'un mur appartenant en tout ou en partie au voisin, on doit prendre les précautions suivantes:

Pour une étable, une écurie ou pour l'établissement d'une fosse à fumier, on construit un contre-mur de 22 centimètres d'épaisseur.

Pour un magasin de sel ou amas de matières corrosives, le contre-mur doit avoir 33 centimètres d'épaisseur.

Pour une forge, un four ou un fourneau on laisse un intervalle vide et non clos large de 16 centimètres 1/2 entre le mur voisin et le contre-mur qui doit avoir 33 centimètres.

Pour un puits ou une fosse d'aisance le contre-mur a également 33 centimètres d'épaisseur.

1 mètre de maçonnerie est nécessaire entre deux puits.

1 mètre 33 centimètres de maçonnerie est nécessaire lorsqu'il y a d'un côté un puits et de l'autre une fosse d'aisance; mais cette épaisseur ne peut être exigée si le puits a été construit le dernier et si les parois de la fosse sont imperméables.

Pour appuyer une cheminée à un contre-mur mutuel ou appartenant en entier au voisin, on construit un contre-mur épais de 16 centimètres 1/2 qui peut être remplacé par une plaque en fonte quand le mur est épais de 50 centimètres au moins.

CHAPITRE II.

Usages particuliers applicables aux baux à prix d'argent.

SECTION 1re.

Bestiaux.

ART. 113.

Le fermier à prix d'argent fournit tous les bestiaux nécessaires à l'exploitation et en dispose comme il l'entend lors de sa sortie.

ART. 114.

La ferme doit toujours être garnie de bestiaux dans la mesure de sa portée, c'est-à-dire en quantité suffisante pour sa bonne exploitation et pour la garantie du propriétaire.

ART. 115.

Il ne peut être nourri de boucs ou de chèvres sur un lieu sans le consentement formel du propriétaire.

ART. 116.

Les bestiaux qui garnissent le lieu ne peuvent être employés hors de la ferme si le propriétaire n'y consent.

SECTION 2e.

Fermages.

ART. 117.

Le prix de ferme est acquitté en entier au jour de l'expiration de chaque année de jouissance ou aux autres termes fixés par le bail, au domicile du propriétaire ou de son fondé de pouvoirs.

ART. 118.

Toutes les redevances autres que le prix de ferme doivent être acquittées dans le cours de chaque année de jouissance, et ne peuvent être reportées d'une année sur l'autre.

CHAPITRE III.

Usages particuliers applicables aux baux à colonie partiaire.

SECTION 1re.

Assolement.

ART. 119.

Dans les lieux à colonie partiaire, l'assolement suivi au commencement du bail ne peut être changé ensuite que du consentement du propriétaire et du colon.

SECTION 2e.

Bestiaux.

ART. 120.

Le colon partiaire fournit la moitié des bestiaux et dispose de cette moitié à sa sortie.

Le partage se fait entre lui et le propriétaire à l'amiable ou par tirage au sort, après estimation faite au moment de la sortie par experts choisis par les deux parties.

ART. 121.

Le colon ne peut, sans le consentement du propriétaire, vendre, échanger ni acheter aucun bétail.

Il doit également se conformer à la volonté du propriétaire pour l'espèce et la quantité des élèves de toute nature.

Le propriétaire indique les femelles qui doivent être saillies et a le choix des étalons. Il paye moitié de la saillie et des autres frais.

Les veaux ne sont pas sevrés avant trois mois.

ART. 122.

Le colon doit conduire à ses frais aux foires et marchés désignés par le propriétaire, les bestiaux destinés à être vendus et remettre à celui-ci à son domicile, moitié du prix de vente.

Les droits de péage aux foires sont supportés en commun.

ART. 123.

S'il a été fourni un cheptel sans indication de têtes de bétail, le propriétaire a le choix de celles qu'il doit recevoir du fermier lors de la restitution. *Toutefois son choix sera fait avant l'estimation.*

SECTION 3e.

Engrais et Amendements.

ART. 124.

Tous les engrais étrangers, à l'exception de la chaux

mis sur la propriété à colonie partiaire, sont payés par moitié entre le propriétaire et le colon et voituré par celui-ci et à ses frais avec les attelages du lieu.

Le colon va les prendre aux lieux où la vente s'en fait d'ordinaire.

La chaux est payée deux tiers par le propriétaire et un tiers par le colon.

SETION 4e.

Entretien et Réparations.

Art. 125.

Le colon ne pourra être contraint à établir des barrières que lorsque le bois nécessaire à leur confection lui sera fourni par le propriétaire.

Art. 126.

Il doit entretenir les râteliers, mangeoires et crèches.

Art. 127.

Quant à la réfection de ces objets, elle est en entier à la charge du propriétaire.

SECTION 5e.

Fourrages et Racines.

Art. 128.

Le colon partiaire peut consommer chaque année des pommes de terre et racines fourragères pour les besoins de son ménage.

SECTION 6e.

Récolte.

Art. 129.

La moitié de tous les produits qui revient au propriétaire est transportée à son domicile par le colon.

Pour la récolte qui suit la sortie, ce transport est fait par le colon entrant.

SECTION 7e.

Vignes, Vins, Cidres.

Art. 130.

Le colon doit faire les cidres à mesure de la maturité des fruits ; il ne peut faire de petit cidre qu'avec le consentement du propriétaire.

Il est loisible au propriétaire de prendre sa part de pommes.

Art. 131.

Le colon est tenu à aller chercher les tonneaux destinés à recevoir la part de cidre revenant au propriétaire.

CHAPITRE IV.

Usages applicables aux terres volantes.

Art. 132.

Les terres appelées volantes sont celles qui n'appartiennent pas à un corps de ferme.

ART. 133.

Le bail est censé fait pour une année.

Le congé doit être signifié comme suit :

3 mois à l'avance pour un fermage de 50 fr. et au dessous,

6 mois à l'avance pour un fermage de 50 à 100 fr.

1 an pour tous fermages au dessus de 100 fr.

Le bail commence et finit le 1er novembre.

ART. 134.

Le fermier cultive ses terres comme bon lui semble.

Il ne peut néanmoins y semer des blés d'automne sans mettre par hectare 8,000 kilog. de fumier ou engrais équivalents.

ART. 135.

Ces terres doivent être libres et sans ensemencés à la sortie du fermier.

ART. 136.

Le fermier dispose comme il l'entend des foins, pailles, chaumes ou produits quelconques de ces terres, même la dernière année de sa jouissance.

ART. 137.

Si cependant il avait trouvé à son entrée de la paille et du chaume, il devrait en laisser la même quantité à sa sortie.

Il devrait de plus battre ses gerbes dans le champ qui aurait produit le blé et y laisser ce qu'il doit à son successeur.

ART. 138.

Les bois et épines sont coupés aux mêmes époques que ceux d'un corps de ferme. Le fermier profite d'autant de sèves qu'il a eu d'années de jouissance quand le congé est donné par le propriétaire.

Toutefois il n'y aura jamais lieu à rapport pour les coupes de bois faites à l'âge voulu.

ART. 139.

Le fermier doit la réparation des haies et fossés qui accompagne toujours la coupe du bois et des épines.

ART. 140.

Si la terre volante est de nature de pré, elle est soumise à tous les usages établis pour cette espèce de terre.

ART. 141.

La dernière année du bail le prix de fermage est exigible avant l'enlèvement de la récolte.

ART. 142.

Les impôts sont à la charge du propriétaire à moins de convention contraire.

CHAPITRE V.

Des Bois.

SECTION 1re.

Bois Emondables.

ART. 143.

Le fermier ou colon a droit à la chevelure de toutes

les truisses ou têtards ; il la prend chaque année par neuvième dans l'assolement triennal et par huitième dans l'assolement quadriennal sans distinction du chêne, châtaignier, frêne, ormeau ou autres arbres, sauf le bois blanc du saule et peuplier qui se coupera à six ans.

ART. 144.

Il tond les haies et répare les fossés en même temps qu'il prend le bois taillable qui s'y trouve complanté. Les épines lui appartiennent à l'exception de celles qu'il est nécessaire de laisser sur les haies après la coupe, pour les rendre défensables.

ART. 145.

Les haies plates se coupent aussi à 8 ou 9 ans selon l'assolement à 1 mètre 50 centimètres de hauteur.

ART. 146.

Le bois planté sur les vignes, les jardins et le long des rivières navigables se coupe à 4 ans.

ART. 147.

La coupe du bois se fait du 1er novembre au 1er mars.

ART. 148.

Le fermier ou colon dispose comme il l'entend du bois qui lui appartient ; il peut l'emporter lors de sa sortie.

ART. 149.

Le fermier ou colon ne peut émonder les arbres fruitiers ni les arbres à haute tige ; cependant il peut éclaircir légèrement les arbres fruitiers lorsque le bois est trop épais.

Les ormes, les frênes et les peupliers pourront toutefois être élagués ; mais seulement aux trois quarts de leur hauteur et lorsque l'on tondra les haies sur lesquelles ils seront complantés.

ART. 150.

L'érussage des jeunes branches d'ormeau et des coudriers est permis, à partir du 1er septembre pour la deuxième année qui suit la coupe, et au 1er juillet pour les autres âges, sans pouvoir le vendre.

ART. 151.

Le fermier ou colon doit, en coupant les haies, ménager et conserver les renaissances et les jeunes arbres qui s'y rencontrent, sans pouvoir en détruire ou étêter aucun que par l'ordre du propriétaire.

ART. 152.

Le propriétaire a le bois mort et celui qui est brisé par accident.

Il peut en outre faire abattre et enlever tels arbres que bon lui semble, à l'exception des arbres fruitiers, sans autre indemnité que la réparation du dommage causé par l'abat.

La chevelure des bois taillables ainsi abattus appartient au fermier ou colon.

ART. 153.

L'échenillage est à la charge du fermier ou colon.

SECTION 2e.

Taillis et Sapinières.

ART. 154.

Les bois taillis dépendant des fermes et compris dans

l'aménagement se couperont à 8 ou 9 ans comme il est dit aux articles 144 et 146 ci-dessus.

ART. 155.

Les autres taillis doivent être coupés d'après l'aménagement établi. Le fermier profite des sèves en raison de sa jouissance.

ART. 156.

Les bois qui existent sur les haies sont coupés comme le taillis lui-même et les haies et fossés sont réparés en même temps,

ART. 157.

Les bruyères et morts bois ne doivent point être coupés avant le taillis ; les feuilles, gazons, glands et faînes ne peuvent être enlevés.

ART. 158.

Le fermier ne peut mettre de bestiaux paître dans les bois taillis, sans l'autorisation du propriétaire.

ART. 159.

Il doit être conservé de l'âge de la coupe trente-deux baliveaux par hectare, au choix du propriétaire.

ART. 160.

Le premier éclaircissage des sapins se fait à l'âge de 6 à 8 ans, en les espaçant de 30 à 40 centimètres ; les autres éclaircissages ont lieu tous les 2 ou 3 ans.

ART. 161.

En émondant les sapins, on a soin de laisser au moins

quatre couronnes et le bouquet aux arbres qui n'ont pas atteint l'âge de 20 ans : aux arbres plus âgés on conserve cinq couronnes au moins.

Art. 162.

Ce n'est qu'après le troisième éclaircissage que les bestiaux sont introduits dans les sapinières.

Art. 163.

Les sapinettes sont considérées comme les bruyères regardées comme engrais.

CHAPITRE VI.

Vignes, Vins, Cidres.

Art. 164.

La culture de la vigne consiste en deux labours, dont le premier *au croc* se fait du 20 novembre à la fin de mars, et le deuxième à la *tranche,* du 25 mai au 24 juin.

La taille doit être terminée au 25 avril.

Art. 165.

On ne peut laisser plus de trois boutons à l'amen et chaque souche ne peut avoir plus d'une tête.

Il ne peut non plus être laissé de branches ou queues sans le consentement du propriétaire.

Art. 166.

Tous les jets qui ne sont pas sur l'amen doivent être

supprimés, Cette opération connue sous le nom d'épouillage doit être terminée au plus tard lors du deuxième labour.

ART. 167.

Les rèzes ou rigoles doivent être curées chaque année avant le 1er janvier.

ART. 168.

L'entretien de la vigne consiste dans une fosse et demie de provins par are, fumée avec les terreaux serrés dans la vigne; chaque fosse contenant de deux à quatre plants, espacés de 30 centimètres, aura 50 centimètres de largeur et 30 centimètres de profondeur.

Les vignes usées seront renouvelées entièrement et progressivement par petites portions.

ART. 169.

Il ne peut être fait de plants sans le consentement du propriétaire.

ART. 170.

Le fermier peut disposer de la vendange et du marc.

ART. 171.

Le fermier sortant peut vendre ou emporter tous ses fruits à cidre, *et même le marc*.

CHAPITRE VII.

Visite et Montrée.

ART. 172.

A la sortie du fermier, il est fait une visite et montrée

dont les frais sont supportés par moitié entre le sortant et l'entrant.

ART. 173.

Une deuxième visite peut être exigée par l'entrant jusqu'au 24 juin pour constater l'état des ensemencés.

Les frais de cette visite sont à la charge du sortant, s'il est en faute, et de l'entrant dans le cas contraire.

ART. 174.

La première visite peut toujours être requise soit par le propriétaire, soit par l'un des deux fermiers.

ART. 175.

Le payement des indemnités allouées est poursuivi par le propriétaire, à la charge par lui de remettre à l'entrant la part qui revient à celui-ci.

ART. 176.

Si le sortant est obligé à des dommages-intérêts applicables à toute la durée du bail écrit; et si à la fin de ce bail, il y a eu tacite réconduction, cette dernière jouissance peut seule être l'objet d'une action contre lui.

ART. 177.

Si la jouissance a eu lieu par conventions verbales, cette jouissance donne lieu à des dommages-intérêts pour une période de neuf années.

ART. 178.

Le droit de requérir la visite se prescrit par une année.

ART. 179.

Si par un acte quelconque le propriétaire a exempté le

fermier de montrée; cette exemption ne doit s'entendre que des malversations antérieures à l'acte.

CHAPITRE VIII.

Des Domestiques.

ART. 180.

L'engagement des domestiques est ordinairement d'une année qui commence et finit à la St-Jean (24 juin) il finit même à cette époque, quelle que soit celle où il a commencé, à moins de convention contraire.

ART. 181.

Le maître donne au domestique qu'il gage des arrhes ou denier à Dieu.

ART. 182.

Les arrhes sont imputables sur les gages à moins de convention contraire.

ART. 183.

Le domestique peut se dégager dans les 24 heures en rendant les arrhes.

Passé ce délai, le maître et le domestique sont liés et celui des deux qui manquerait à son engagement, soit avant, soit pendant le cours de son exécution, serait passible de dommages-intérêts.

ART. 184.

Depuis le jour de la convention jusqu'à la moitié du

temps qui sépare ce jour de celui de l'entrée en service, l'indemnité consiste, de la part du maître, à perdre les arrhes qu'il a données, de la part du domestique, à rendre le double de celles qu'il a reçues.

Art. 185.

Passé ce délai, l'indemnité de part et d'autre est de un douzième à un tiers des gages de l'année, suivant l'époque plus ou moins rapprochée de l'entrée en service.

Art. 186.

Si la résiliation a lieu pendant le cours du louage et du 1er mai au 31 octobre, l'indemnité si elle est due par le domestique est d'un tiers des gages de toute l'année; si elle est due par le maître, elle est moitié moindre.

Si la résiliation a lieu du 1er novembre au 30 avril, le domestique ne doit qu'une indemnité égale à un sixième de ses gages, et le maître une indemnité double.

Sauf, dans tous les cas, l'appréciation des motifs de résiliation ou l'allocation de plus forts dommages-intérêts, laissées à l'arbitration du Juge de Paix.

Art. 187.

Le domestique ne peut alléguer pour excuse :

Qu'il se marie ;

Qu'il ne veut plus servir ;

Qu'il prend un état ;

Qu'il s'engage.

ART. 188.

Le domestique peut alléguer pour excuse :

Qu'il est nécessaire à sa mère devenue veuve, à ses frères et sœurs devenus orphelins;

Qu'il est appelé au service militaire, à moins que lors de l'engagement il n'eût fait à son maître une fausse déclaration à cet égard.

ART. 189.

Si la santé du domestique devenue mauvaise le rend impropre au service, il peut sortir sans payer d'indemnité et le maître peut le renvoyer sans lui en donner.

ART. 190.

Le maître ne peut alléguer pour excuse :

Qu'il se passera de domestique ;

Qu'il cesse son exploitation, à moins que le domestique ne soit mis à même d'entrer chez le fermier successeur.

Si ce successeur était héritier du fermier, décédé dans le cours de l'année, la convention de louage ne serait pas modifiée.

ART. 191.

Le maitre a droit à une indemnité quand il renvoie son domestique.

Pour inconduite ;

Pour défaut d'accomplissement de ses obligations.

ART. 192.

Le domestique a droit à une indemnité quand le maitre ne remplit pas ses obligations.

ART. 193.

Le domestique peut n'entrer chez son maitre que le soir du jour où commence l'engagement.

ART. 194.

Il doit à son maitre l'emploi de tout son temps.

Les dimanches et fêtes conservées il doit donner aux bestiaux et au ménage les soins nécessaires, et lors des récoltes, faire ces jours-là toute espèce de travaux, s'il y a lieu de craindre qu'un retard ne porte préjudice au maitre.

ART. 195.

Le maitre doit loger et nourrir convenablement son domestique. Il doit le blanchir mais seulement quand il fait la lessive pour lui-même. Il ne doit ni repassage ni empesage.

Il ne doit ni raccommodages ni journées d'ouvrières, mais il doit permettre aux filles de réparer leurs effets personnels.

ART. 196.

Si le domestique s'est réservé le droit de disposer d'un certain nombre de journées sans les désigner, le choix appartient au maitre.

ART. 197.

Les gages ne sont exigibles qu'à la fin de l'année, même quand la sortie a lieu sur l'année.

Ils sont cependant exigibles de suite quand le maitre est condamné à payer une indemnité au domestique.

ART. 198.

Le domestique qui a perdu des journées de travail, en

paye la valeur sur le prix de son salaire annuel, mais s'il y a eu nécessité de le remplacer par un journalier, il tient compte de toute la dépense qu'il a occasionnée.

Art. 199.

Dans le compte d'une fin d'année, il est fait remise au domestique, jusqu'à concurrence d'une semaine, des journées qu'il a perdues par maladie.

Art. 200.

Quand le père, la mère ou le tuteur veulent toucher les gages du domestique mineur, dont ils ne se sont pas occupés dans le cours de l'année ; ils doivent tenir compte au maitre de ce qu'il a payé pour habiller convenablement le mineur.

Art. 201.

Les principes qui précèdent s'appliquent à tous les domestiques en général, parmi lesquels on compte les métiviers ; c'est-à-dire ceux dont l'engagement commence à la St-Jean (24 juin) et finit à la St-Martin d'hiver (11 novembre.)

On doit y comprendre aussi le pochetier et le farinier d'un moulin et les domestiques d'une auberge.

CHAPITRE IX.

Abeilles.

Art. 202.

Les abeilles appartiennent au colon seul, à moins

cependant qu'elles n'aient été placées par le propriétaire et qu'elles ne soient, aux termes de l'article 524 du code civil, immeubles par destination.

Les essaims dans ce dernier cas qui sont recueillis par le colon appartiennent pour moitié au propriétaire et au colon.

TABLE CHRONOLOGIQUE

LE MANS. — IMPRIMERIE A. LEGUICHEUX-GALLIENNE.

www.ingramcontent.com/pod-product-compliance
Ingram Content Group UK Ltd.
Pitfield, Milton Keynes, MK11 3LW, UK
UKHW022145190726
13855UKWH00003B/1351